TRÉSORS DE TOULOUSE MIDI-PYRÉNÉES

Sandrine Banessy   Jean-Jacques Germain

tme

© Éditions TME

rue Max Planck BP 728
31683 LABÈGE CEDEX
Tél.: 05 62 88 36 79
tme.editions@wanadoo.fr
tme-editions.com

ISBN: 2-915188-23-3

Ce livre est offert à

....

par

....

Préface

Midi, pour le Sud de la France, mot si délicieusement annonciateur de toute la chaleur des amitiés et des accents, de l'abondance des richesses de la terre, des plaisirs de la table, de la douceur de vivre. **Pyrénées**, pour le massif majestueux qui borne la région, tout à la fois ouvert et inaccessible comme les habitants de cette terre, les grandes heures de l'Histoire et le patrimoine s'en portent maintes fois témoins… Entre Guyenne, Gascogne et Languedoc, Midi-Pyrénées conjugue les paysages et les approches. Huit départements affirment leur identité et constituent ainsi, autour de leurs terroirs, la plus vaste région de France.
Terre de grands espaces où les Pyrénées, la Garonne, le Lauragais, les Causses rivalisent de beauté, Midi-Pyrénées sait être tout cela à la fois. Une terre à découvrir absolument.

The name of our region, Midi-Pyrénées, conveys a host of feelings, ideas and associations. Firstly, Midi means the south of France. It hints at the friendly atmosphere you're likely to find and the pronounced cultural differences that subsist, with the strong accent, the wealth of farmhouse products, the pleasures of good-eating and a pleasant lifestyle.Pyrénées for the majestic mountain range bordering France and Spain that lies south of the region. The Pyrenees have historically been a point of transit open to the traveller and, at times, an inaccessible barrier. Many major historical events provide examples of this ambivalence which characterises the outlook of the inhabitants even today. Between the Atlantic and the Mediterranean, the Pyrenees and the Massif Central, Midi-Pyrénées is a land of wide open spaces, in which the Pyrenees, the Garonne valley, the Lauragais and the limestone plateaux of the Causses each offer a wealth of beautiful landscapes and a mass of things to do, taste and see.

Midi, para designar el sur de Francia, palabra deliciosamente anunciadora de todo el calor de la amistad y del acento típico de la zona, de la abundancia de las riquezas de la tierra, de los placeres de la buena mesa y de la calidad de vida, Pirineos, para los montes majestuosos que ornan el sur de la Región, a la vez abiertos e inaccesibles como sus habitantes, los momentos más importantes de la Historia y del patrimonio lo demuestran continuamente, Entre Guyenne, Gascoña y Languedoc, Midi-Pyrénées conjuga los paisajes y los acerca entre sí. Alrededor de Toulouse, ocho departamentos afirman su identidad y constituyen así, alrededor de sus tierras, la región más extensa de Franciatierra de grandes espacios donde los Pirineos, la Garona, el Lauragais, los Causses rivalizan en belleza, la región Midi-Pyrénées sabe ser todo esto al mismo tiempo.Una tierra que hay que descubrir porque reúne todas las riquezas de una profunda identidad cultural.

Sommaire

Le cirque
de Gavarnie

Montagne Pyrénées

*T*oute montagne a sa légende, voici celle des Pyrénées : une ravissante jeune fille se laissa séduire un jour par Hercule. Tentant de soustraire au courroux de son père le fruit de son amour, elle s'échappa dans la montagne mais sa fuite éperdue fut brutalement interrompue par les griffes d'un ours. Hercule à sa recherche, retrouvant, hélas trop tard, sa bien aimée, l'ensevelit dans les profondeurs de la grotte de Lombrives en prononçant ses mots : « *Afin que ta mémoire se perpétue à jamais, douce Pyréne, ces montagnes en lesquelles tu dors désormais s'appelleront les Pyrénées* ». Depuis, maints auteurs et poètes ont décrit cette frontière sauvage entre la France et l'Espagne, et content encore ses hommes à l'âme courageuse, des *oursailhers* ou montreurs d'ours ariégeois aux montagnards bigourdans.

*E*very mountain range has its legend. Here is the legend of the Pyrenees. A beautiful young girl, Pyrene, was one day seduced by Herakles. She tried to hide her condition from her father's anger by hiding in the mountains. But in her helpless flight she was killed by a bear. Herakles

La Brèche de Roland

Montagne Pyrénées

Thermes
de Luz-Saint-Sauveur

Vos haurietis aquas de Fontibus Salvato

Cascade de l'Enfer

Montagne Pyrénées

10

searched for her and, too late, finding his beloved dead, buried her in the depths of the Lombrives Grotto declaring: '*for your memory to live forever, gentle Pyrene, these mountains where you sleep will henceforth be called the Pyenees*'. Since then, many authors and poets have celebrated this harsh borderland between France and Spain, which still keeps many of its secrets. But the people, with their tradition of *ousailhes* or bear-masters in the Ariège to the hardy mountain shepherds of the Bigorre, remain a resilient and resourceful stock.

Cada montaña tiene su propia leyenda, y los Pirineos también tienen la suya. La historia cuenta que una joven muchacha, muy guapa, un día se dejó seducir por Hércules. Para evitar que el fruto de su amor cayese en manos de la ira de su padre, se escapó a la montaña, pero su fuga acabó brutalmente, siendo presa de las garras de un oso. Hércules partió en su búsqueda, y encontró a su bella, pero ya era demasiado tarde. La enterró en las profundidades de la gruta de Lombrives y pronunció las siguientes palabras: « *Para que tu memoria perdure para siempre, mi bella Piriné, estas montañas en las que duermes se llamarán a partir de ahora los Pirineos*» . Desde entonces, muchos autores y poetas han descrito esta frontera salvaje entre Francia y España, que todavía no ha librado todos sus secretos, pero desde los presentadores de osos del Ariège a los montañeses de bigourdan, todos estos hombres se han forjado el sentido del valor.

Montagne Pyrénées

Montagne Pyrénées

12

Montagne Pyrénées

13

**Donjon des Aigles
à Beaucens**

Pic du Midi

Montagne Pyrénées

14

Montagne Pyrénées

Merveilles géologiques

Merveilles géologiques

De l'architecture mégalithique à nos jours, aussi belles ou ingénieuses que soient les constructions humaines, l'émotion qu'elles suscitent reste inégalée devant le spectacle des merveilles géologiques. D'affrontements titanesques en fractures brutales, de patientes érosions des vents infatigables et des eaux goutte à goutte doucement écoulées, l'histoire de la Terre s'est inscrite en des lieux magiques. La région recèle mille grottes et rivières spectaculaires, gouffres et chaos granitiques, cascades et gorges abruptes. En Aveyron, le gour de l'enfer doit son nom au spectaculaire précipice creusé par un méandre du Dourdou. Dans les profondeurs du Lot, le gigantesque gouffre de Padirac est un des sites souterrains les plus visités d'Europe. Sa visite, à pied et en barque, de rivière en cascade, du lac de la Grande pluie au lac Supérieur, révèle des gours ocrés et d'immenses draperies minérales. Au pied du Plantaurel ariégeois, les flots de l'Arize ont creusé au Mas-d'Azil une caverne monumentale que l'on traverse en voiture. D'autres sites encore restent à découvrir…

Gouffre de Padirac

However fine and ingenious may be our architectural achievements, from the megaliths to present-day design, the emotions are never so deeply moved as before the show of wonders given us by Nature. The result of the titanesque battles between the tectonic plates, the patient work of erosion or brutal landslides and earthquakes, the steady drip of water or the sudden unleashing of powerful underground torrents. This has been going on for millions of years, while in comparison, Man's history could be thought of as representing just a few seconds. The Earth's history has given us sites of intense magic.

Merveilles géologiques

Merveilles géologiques

Thus, our entire region offers an underground network of grottoes and spectacular rivers, chasms and granite boulders, cascades and deep gorges. In the Aveyron you can see 'Hell's Pool' or the Bozouls hole with its huge 100 m deep precipice hollowed out by a meander of the Dourdou River, forming a 400 m diameter circus. In the Lot department, there is the Gouffre de Padirac chasm. You can visit it by boat if you prefer that to walking and follow through from the gentle flow of the river to waterfalls, travelling up from the heavy rain lake to the upper lake. This is one of the major underground sites in Europe. Finally, in the Ariège department at Mas-d'Azil, beneath the Plantaurel, the flow of the Arize River has hollowed out a monumental cavern, with the road running through it.

Por muy bellas o ingeniosas que sean las construcciones humanas, desde la arquitectura megalítica hasta nuestros días, la emoción sigue latente ante el maravilloso espectáculo de la Madre Naturaleza. Fruto de las confrontaciones titanescas de las placas tectónicas, de las erosiones repetidas o de los hundimientos brutales, del agua que cae delicadamente gota a gota o de los torrentes subterráneos que emanan bruscamente del suelo, y todo ello desde hace millones de años, la historia del hombre sólo representa unos cuantos segundos. La historia de la Tierra puede observarse en cualquier lugar mágico. De hecho, y en toda la región, se pueden visitar espectaculares redes subterráneas de grutas y ríos, precipicios y cascadas de caos granítico y desfiladeros interminables. En Aveyron, por ejemplo, existe el agujero de Bozouls, inmenso precipicio de 100 m de profundidad cavado por un meandro de Dourdou. En el Lot, se puede ir al desfiladero de Padirac, uno de los lugares subterráneos más visitados de Europa. En Ariège, en el Mas-d'Azil, al pie de Plantaurel, las oleadas del Arize han cavado una enorme caverna, atravesada por la carretera.

18

Merveilles géologiques

19

Mas-d'Azil

Merveilles géologiques

Parc pyrénéen de l'art préhistorique

Grotte de Niaux

Merveilles géologiques

21

Trésors antiques

Trésors antiques

*P*our protéger ses terres, d'Arles à la Catalogne, Rome conquit Toulouse et installa ses légions sur les marches de ce qui devint la province narbonnaise. Prospère capitale, Tolosa Palladia possède alors une école de rhétorique réputée et apprend le droit romain. Pourtant, la région présente aujourd'hui peu de sites des trois siècles de la Pax Romana. On peut voir les vestiges des arènes de Toulouse et de Cahors et la cité de Lugdunum Convenarum au pied de Saint-Bertrand-de-Comminges. Les splendides villas de Montmaurin et de Séviac révèlent la vie quotidienne à l'époque romaine. Mais les vrais trésors sont au musée Saint-Raymond, à Toulouse, qui propose l'une des plus importantes collections européennes de bustes d'empereurs romains.

A crossroads for trade, from the British Isles to the Mediterranean, Roman Toulouse, or Tolosa, boasted many monuments, temples, theatres and baths. Some of them are still standing today, like the Toulouse Arena and The magnificent villas of Montmaurin and Séviac .Nevertheless, the region presents few sites of the three centuries of Pax Romana today. The finest heritage of this era is to be found in the Gallo-Roman sculptures and other works of art in the St Raymond Museum.

*S*i Toulouse es hoy en día una « Ciudad Rosa », es gracias a los Roma nos. Fue efectivamente durante los tres siglos de la Pax Romana que Toulouse aprendió la técnica de la teja y del ladrillo. Plataforma comercial, de las islas británicas al mundo mediterráneo, Tolosa construyó numerosos templos, teatros, balnearios… Aún se pueden ver las Arenas de Purpan y la Muralla en diversos puntos de la ciudad y sobre todo los

Séviac et une de ses
célèbres mosaïques

Vestiges
de l'amphithéâtre
gallo-romain de Cahors

Villa de Montmaurin

**Musée Saint-Raymond
Toulouse**

Trésors antiques

Dans les pa des pèlerins

26

Dans les pas des pèlerins

Trois des principaux chemins de Saint-Jacques-de-Compostelle traversent Midi-Pyrénées. La Via Podensis, la voie la plus ancienne, va du Puy-en-Velay à Roncevaux avec pour principales étapes : Conques, Moissac, Figeac, Cahors, Lectoure… La route d'Arles ou Via Tolosane traverse Castres, Toulouse, Auch… avant de passer au Somport. Et la Route des Causses sillonne Rocamadour, Conques, le Larzac, le Sidobre, Saint-Bertrand-de-Comminges… pour rejoindre le col du Somport. De nombreux bâtiments, monastères et hôpitaux témoignent du passage des milliers de pèlerins. Les routes du pèlerinage bénéficient actuellement d'un nouvel engouement.

Le site majeur de pèlerinage en Midi-Pyrénées est la ville de Lourdes, le plus grand centre de pèlerinage catholique français ; en février 1858, une jeune fille de quatorze ans, Bernadette Soubirous, déclara avoir vu une Dame qui lui a dit être l'Immaculée conception. À l'intérieur de la grotte de Massabielle, où se sont produites les apparitions, coule une source d'eau « miraculeuse » où la Dame a dit : « Venez boire à la fontaine et vous y laver ».

Since the 9th century, faith credited the idea that the body of Saint James, one of the Jesus Christ's most faithful companions and one of the first to die a martyr's death in the Holy Land, was to be found in Spain, having crossed the sea to the Galician coast aboard a boat steered by an angel. Rediscovered by a hermit, the pilgrimage it to led to from the 11th century was to see hordes of walkers crossing Europe. Before reaching Puente la Reina (Spain), two of the main Santiago de Compostela pilgrimage routes (recently given the statuts of world heritage by Unesco) pass trough many places of interest, the stopping points for the pilgrims. The Midi-Pyrénées region was crossing by

Dans les pas des pèlerins

Via Podensis, wich is the oldest, going from Puy en Velay to Roncevaux legendary site of the hero Roland's last battle, the Arles route wich crossed Toulouse before going trough the Somport mountain pass, and the Causses route wich crossed Rocamadour, Montségur, Saint Bertrand de Comminges. Many building, including monasteries and hospitals, bear witness to the spiritual fervour of those times ans there now is a considerable renewal of interest for these sites.

Desde el siglo IX la fe, mas fuerte que los misterios que envuelven la historia sobre la verdadera presencia en Espana del cuerpo de Santiago, uno de los mas fideles companeros de Cristo y uno de los primeros en morir martirizado en Tierra Santa, da como explicacion que su cuerpo habria atraversado los mares hasta arrimar en las costas de Galicia a bordo de un barco llevado por un angel. Puesto de moda por una ermita, el peregrinaje que suscito a partir del siglo XI vio cohortes de caminantes atraversar Europa. Antes de unirse en Puente Le Reine, los principales caminos de Santiago de Compostela, recientemente nombrados Patrimonio Universal de la UNESCO y llenos de etapas para los miles de peregrinos atraviesan Midi-Pyrénées : la Routa de Causses que atraviesa Rocamadour, Montségur y St Bertrand de Comminges, la Ruta de Arles que atraviesa Toulouse antes passar por Somport y la Via Podiensis, la vias mas antigua que va de Puy en vellay hasta Roncesvalles. Numerosos edificios, monasterios y hospitales atestiguan este fervor que hoy en dia goza de un

Collection art roman musée des Augustins à Toulouse

Hôtel-Dieu Saint-Jacques à Toulouse

Dans les pas des pèlerins

28

**Basilique
Saint-Sernin
à Toulouse**

Dans les pas des pèlerins

29

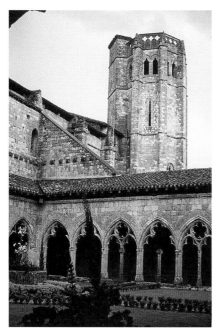

**Collégiale Saint-Pierre
à La Romieu**

**Abbatiale
de Souillac**

**Abbatiale cistercienne
de Flaran**

Dans les pas des pèlerins

30

Tour Armagnac
à Auch

Dans les pas des pèlerins

Dans les pas des pèlerins

Abbaye bénédictine Sainte-Foy
à Conques

Abbatiale Saint-Pierre
à Moissac

Dans les pas des pèlerins

33

**Basilique Saint-Pie X
à Lourdes**

Dans les pa des pèlerins

34

Cathédrale Sainte-Marie
à Saint-Bertrand-de-Comminges

Dans les pas des pèlerins

Langue d'oc et troubadours

Pierre Goudouli
Poète occitan du XVIIe siècle

36

Langue d'oc et troubadours

La France du IXe siècle était coupée en deux et une frontière infranchissable était établie par les deux langues utilisées de part et d'autre. Oc et oil, deux mots pour dire « oui ». Le Nord, siège de la Couronne de France, gouvernait, éditait les lois et jugeait dans la langue d'oil. Le Sud indépendant parlait, travaillait, mais aussi chantait et rimait dans la langue d'oc, qui regroupait plusieurs grands dialectes, le Languedocien, le Gascon, le Limousin, l'Auvergnat et le Provençal.

L'intégration du Languedoc au Royaume de France fut concrétisée par l'imposition pour les textes officiels de la langue d'oil, devenue au fil du temps le français actuel.

Langue des troubadours, sept Toulousains décidèrent de maintenir la tradition de poésie courtoise de la langue d'oc et créèrent en 1323 le Consistoire du gai savoir ou gaï saber. Plus ancienne société littéraire d'Europe, Louis XIV l'érigea en académie, dite des Jeux Floraux. Elle remet chaque 3 mai, des fleurs d'orfèvrerie

comme prix de son concours poétique et des lettres de « Maître es Jeux ». Parmi les lauréats célèbres de ce concours encore perpétué de nos jours, on peut citer Ronsard, Voltaire, Fabre d'Églantine, Chateaubriand, Hugo, Frédéric Mistral…

France at that time was divided into two distinct linguistic entities, known as the langue d'Oc and the langue d'Oil for the two ways of saying 'yes'. The North, seat of the French crown, governed, made laws and passed judgement in the langue d'Oil . The independent South spoke, worked but also sang and rhymed in the langue d'Oc that included several great dialects, the Languedocien, Gascon, Limousin, Auvergnat and Provençal. Integration of Languedoc within the French Kingdom was made concrete with the langue d'Oil becoming the language for official documents. Over time it became the official French language. The langue d'Oc was the tongue of the troubadours and the courtly love tradition of the 12th and 13th centuries. With French domination firmly established and the end of the civilisation that nurtured this remarkable humanist culture, seven cultivated inhabitants of Toulouse decided to try and keep the tradition of courtly poetry alive and in 1323 they set up the Consistoire du gai savoir or gaï saber , the oldest literary society in Europe. Louis XIV turned it into the Académie des Jeux Floraux which, every 3rd May, awards flowers wrought by jewellers as prizes for a poetic contest.

La Francia de entonces estaba cortada en dos y la frontera infranqueable era la de los dos idiomas utilizados en parte y otra de la frontera, Oc y Oíl, dos palabras para decir « sí ». El Norte, sede de la Corona de Francia, gobernaba, dictaba leyes y juzgaba en idioma Oíl. El Sur independiente hablaba, trabajaba, cantaba y escribía poesías en lengua de Oc, que agrupaba varios de los dialectos más importantes, el Languedociano, el Gascón, el Limusino, el Auvergnat y el Provenzal. La integración de la región del Languedoc al Reino de Francia se concretizó con la imposición de la Lengua de Oíl en los textos oficiales, y al cabo del tiempo se ha vuelto el idioma francés de hoy. Lengua de los trovadores y del amor cortés, siete habitantes de Toulouse decidieron mantener viva la tradición de la poesía cortés y crearon en 1323 el Consistorio del feliz saber o *gaï saber*, la sociedad literaria más antigua de Europa. Luís XIV la cambió en Academia de los Juegos Florales que, cada 3 de mayo, otorga flores de orfebrería como regalo del concurso poético y « *Maître ès Jeux* » .

**Hôtel d'Assézat
à Toulouse
siège de l'académie
des Jeux Floraux**

Langue d'oc et troubadours

**Académie
des Jeux Floraux**

38

Saint-Cirq-Lapopie

« Cela dût tenir du coup de foudre si je songe
que le matin suivant je revenais, dans la tentation de me
poser au coeur de cette fleur : merveille, elle avait cessé
de flamber, mais restait intacte.
Par-delà bien d'autres sites - d'Amérique, d'Europe -
Saint-Cirq a disposé sur moi du seul enchantement :
celui qui fixe à tout jamais. J'ai cessé de me désirer ailleurs.»
André Breton

Langue d'oc et troubadours

Langue d'oc et troubadours

40

Sept siècles après l'annexion de Toulouse à la couronne de France, la croix occitane demeure le symbole majeur de notre région. Héritage de la dynastie des Comtes de Toulouse, qui dura quatre siècles, on attribue son usage au Comte Raymond VI, au XIIIe siècle. La plus ancienne est celle qu'il fit sculpter sur la clef de voûte de la cathédrale Saint-Étienne, durant la croisade contre les Albigeois. Croix païenne à l'origine devenue plus tard chrétienne, les douze boules ornant ses quatre branches furent ainsi successivement décrites comme représentant les douze mois de l'année, les douze signes du zodiaque, puis les douze apôtres. Sur les nombreuses armes, logos et marques de la région où elle figure, vous la trouverez traditionnellement représentée en jaune sur fond rouge. La plus célèbre représentation de la croix de Toulouse est au sol, au seuil de la Place du Capitole, où chacune des douze boules représente un signe du zodiaque. De nos jours, bien plus qu'un lien avec la religion ou l'astrologie, cette croix est devenue un emblème.
Emblème de l'identité régionale et de l'identité occitane en particulier, elle symbolise l'attachement à un terroir, à ses racines et à la langue d'Oc.

Seven centuries after Toulouse was annexed by the French crown, the Occitan cross remains the principle symbol of our region. Inherited from the dynasty of the Counts of Toulouse, which lasted for four centuries, it was first used by Comte Raymond VI in the 13th century. He is responsible for the earliest version of the cross which was carved on the keystone of Saint-Étienne cathedral during the crusade against the Albigeois (Cathars). Originally a pagan cross, it later became Christian, the twelve circles on the four branches were successively attributed to the twelve months of the year and the twelve apostles. Featured on many of the region's coats of arms, logos and brands, it is traditionally depicted in yellow against a red background.

Siete siglos tras la anexión de Toulouse a la corona de Francia, la cruz occitana sigue siendo el mayor símbolo de nuestra región. Herencia de la dinastía de los Condes de Toulouse, que duró cuatro siglos, se atribuye su uso al Conde Raymond VI, en el siglo xiii. La más antigua es la que hizo esculpir debajo de la clave de bóveda de la catedral Saint-Étienne, durante la cruzada contra los Albigeois. Al origen Cruz paya convertida más tarde en cristiana, las doce bolas que adornan sus cuatro ramas fueron así sucesivamente descritas como representando los doce meses del año, y después a los doce apóstoles. En los numerosos escudos, logotipos y marcas de la región donde aparece, es tradicionalmente representada de amarillo sobre un fondo rojo.

Croix occitane

Langue d'oc et troubadours

41

Cathares et Templiers

Porte dite
*Porte
del'Inquisition*
**Maison Seilhan
à Toulouse**

Cathares et Templiers

Deux grands mystères puisent leurs racines dans la terre occitane. Issu de la chevalerie chrétienne du Moyen Âge, l'Ordre des Templiers est né au début du XIIe siècle. Redoutables financiers, ne rendant de comptes qu'au Pape lui-même, les Templiers ont très tôt construit des commanderies de grande importance. La première fut créée au cœur du Larzac. Pour mieux les découvrir, on peut visiter Sainte Eulalie de Cernon, Saint Jean d'Alcas, La Couvertoirade, La Cavalerie et Le Viala du Pas de Jaux. Après la perte définitive de la Terre sainte en 1291, l'ordre fut victime de la lutte entre la papauté et le royaume de France et, accusé d'hérésie, fut dissous par le pape Clément V. La fin tragique de l'ordre mena à nombre de spéculations et de légendes sur son compte, notamment autour de son trésor.

Midi-Pyrénées a aussi été la terre d'élection du catharisme, ancienne hérésie orientale issue du manichéisme, reposant sur la séparation du Bien et du Mal. Dans le souci de résister aux tentations du monde, son église se composait seulement de

Cathédrale Saint-Étienne, à Toulouse

quatre évêques, ses fidèles se partageaient entre Parfaits, à l'idéal ascétique, et Croyants, simples fidèles. Leur unique sacrement était le Consolamentum. Ouvertement opposé aux fastes et à la corruption de l'Église, le catharisme fut décrété hérésie au concile de Tours. En 1208 fut décidée la seule croisade en terre chrétienne, plus connue

royaume de France scella le rattachement du Comté de Toulouse à la Couronne, dès 1229, par le mariage de la comtesse Jeanne de Toulouse avec Alphonse de Poitiers, neveu du Roi de France. Les vestiges cathares sont partout présents, depuis le village d'Hautpoul ou le Musée de la Mémoire du Catharisme à Mazamet en passant par Roquefixade, et bien sûr Montségur, haut lieu de la lutte cathare.

Simon de Monfort

In the 13th century, the preacher Pierre de Bruys spread the message of Catharism in the Midi. Determined to resist the temptations of the material world, its church had just four bishops and the faithful were made up of the 'perfect' and the ordinary believers. Overtly opposed to the ostentation and corruption of the Roman Church, Catharism was declared to be a heresy at the Council of Tours in 1163. What ensued was the first true crusade in Christian lands, known as the Crusade against the Albigensians. It was led by barons from the north of France, Simon de Monfort at their head. Despite the fierce resistance put up by Toulouse and the intervention of King Pedro II of Aragon at the Battle of Muret, two crusades brought Languedoc to its knees. Then after the war came the terrible years of the Inquisition. The last pocket of resistance was extirpated in 1244 with the holocaust of the Cathars burnt at the stake at Montségur. The French royalty finally sealed

Cloître des Jacobins, à Toulouse

comme *Croisade des Albigeois*, menée par les barons du Nord, Simon de Monfort à leur tête. Malgré la résistance farouche de Toulouse et l'intervention du roi Pierre Ier d'Aragon à la bataille de Muret où il laissa la vie, deux croisades vinrent à bout du Languedoc. Après la guerre suivirent les terribles années de l'Inquisition. S'il fallut attendre 1250 pour marquer la victoire de l'Église, le

**Site templier
Sainte-Eulalie- de- Cernon**

**Cité fortifié d'origine templière
La Couvertoirade**

Cathares et Templiers

45

complete allegiance from the Counts of Toulouse through the marriage of Jeanne of Toulouse with Alphonse of Poitiers in 1229.

En el siglo XII, Pierre de Bruys propaga en el Midi el catarismo, herejía oriental. En un afán por resistir a las tentaciones de este mundo, su iglesia se componía únicamente de cuatro obispos, y los fieles se dividían en Perfectos y Creyentes, simples fieles. Contrario a los fasto y a la corrupción de la Iglesia, el catarismo fue decretado herejía en 1163. Lo que desencadenó la terrible represión fue el asesinato del legado pontificio del Papa en 1208. Así empezó la única cruzada en tierra cristiana, más conocida bajo el nombre de Cruzada contra los Albigueses, encabezada por los barones del Norte, y en especial por Simón de Monfort. A pesar de la increíble resistencia de Toulouse y la intervención del rey Pierre II de Aragón en la batalla de Muret donde murió, dos cruzadas acabaron con el Languedoc. Tras la guerra vinieron los terribles años de la Inquisición que fue creada, por desgracia, en nuestra región. Si se tuvo que esperar hasta el año 1244 con el holocausto de los cátaros sobre la hoguera de Montségur para celebrar la victoria de la Iglesia, el reino de Francia selló la cesión del Condado de Toulouse a la Corona en 1229.

Siège de Toulouse
Croisade des Albigeois

Cathares et Templiers

46

Montségur,
forteresse
cathare

Cathares et Templiers

Albi patrimoine mondial

Albi, patrimoine mondial de l'Unesco

Cathédrale Sainte-Cécile

La cité épiscopale d'Albi vient d'être classée au patrimoine mondial de l'Unesco: des ruelles bordées de maisons médiévales à la cathédrale Sainte-Cécile et au Palais de la Berbie, bâtis au XIIIe siècle pour asseoir le pouvoir de l'Église Catholique après l'épisode chaotique de la Croisade contre les Albigeois, du Pont Vieux, qui dès le XIe siècle permit le développement économique de la ville, aux hôtels particuliers du XVIe siècle qui rappellent la période florissante où le pastel, plante tinctoriale, était cultivé entre Albi, Toulouse et Carcassonne, sans oublier des personnages hauts en couleurs, tel Henri de Toulouse-Lautrec ou des aventuriers comme Lapérouse et Rochegude, tout témoigne ici d'un riche passé à découvrir.

Jardin du Palais de la Berbie

The episcopal city of Albi has just been classified in the UNESCO world heritage : alleys were lined with medieval houses in the cathedral saint-Cécile and to the Palace of Berbie, built in the 13th century of the Old Bridge, who dices the 11th century allowed the economic development of the city, in the mansions of the 16th century which remind the prosperous period when the pastel, plants tinctoriale, was cultivated between Albi, Toulouse and Carcassonne, without forgetting with a ruddy complexion characters, such Henri de Toulouse-Lautrec or adventurers as Lapérouse and Rochegude, everything testifies here of rich past to be discovered.

La ciudad episcopal de Albi acaba de ser clasificada al patrimonio mundial de Unesco : bordeados calejones por casas medievales a la catedral Sainte-Cécile y en el Palacio de Berbie, edificados en el siglo XIII, del Puente-viejo, que dados el siglo XI a los hoteles particulares del siglo XVI que recuerdan el periodo florecientecuando el pastel, la planta tintorea, fue cultivado entre Albi, Tolosa y Carcasona, sin olvidar a personajes subidos de color, tal Enrique de Toulouse-Lautrec o aventureros como Lapérouse y Rochegude, todo testimonia aqui un pasado rico que hay que descubri.

Albi patrimoine mondial

Albi patrimoine mondial

50

Porte de l'époque Renaissance
de l'hôtel Reynes

Buste du marchand de pastel Reynes

Clocher de la cathédrale Sainte-Cécile
vue du centre historique d'Albi

Ballade
en gabarre
sur le Tarn

Albi patrimoine mondial

51

52

Canal du Midi, patrimoine mondial de l'Unesco

Les aménagements des Ponts-jumeaux et des quais de la Garonne ont été réalisés par le cardinal Loménie de Brienne

Fresque en marbre de Saint-Béat Pont-Jumeaux à Toulouse

Pierre-Paul Riquet

Le renouveau de la navigation des bateaux de plaisances, des péniches aménagées aux gabarres traditionnelles, profite des nombreux aménagements sur le Lot, le Tarn et, bien sûr, le canal du Midi : plus de quinze ans de travaux ont été nécessaires à Pierre-Paul Riquet pour creuser cette voie de deux cent quarante kilomètres, reliant la Garonne à la Méditerranée. Ainsi fut creusé le canal du Midi ou canal des Deux Mers, chantier extraordinaire qui nécessita la création de plus de trois cent vingt-huit ouvrages, ponts, écluses, tunnels… Cette voie commerciale, complétée au XIXe siècle par le canal Latéral la reliant à l'Atlantique, fut inaugurée en 1681 et verra jusqu'à mille six cents bateaux transiter quotidiennement par Toulouse.

De nos jours, le trafic commercial a laissé la place à la navigation de plaisance et les chemins de halage magnifiquement ombragés sont devenus un des lieux privilégiés des sportifs et des promeneurs. Ce chef-d'œuvre vient d'être classé au patrimoine mondial de l'humanité par l'Unesco.

A
PIERRE PAUL RIQUET
LA VILLE
DE TOULOUSE
18 Septembre 1853

Canal du Midi, patrimoine mondial

Engineering genius Pierre-Paul Riquet built the 150-mile canal linking the Garonne to the Mediterranean in just 15 years. Opened in 1681, it was enhanced in the 19th century by the Lateral Canal running West to the Atlantic. Up to 1,600 merchant boats a day went through Toulouse, until the arrival of rail transport killed the business. Pleasure boats cruise here today and the tree-shaded tow paths are favourite promenades for strollers and joggers alike.

A statue of Pierre-Paul Riquet now stands by the sleepy waters of the canal at the top of the Allées Jean-Jaurès.

Más de 15 años de obras han sido necesarios para que Pierre Paul Riquet acabe con éxito la construcción de esta obra maestra de 240 km. que une la Garona con el Mediterráneo.

Enriquecida en el siglo XIX con un canal lateral que la unía con el Atlántico, esta vía comercial, inaugurada en 1681, verá transitar cada día hasta 1600 barcos por Toulouse. Hoy en día, el tránsito comercial ha dejado sitio a los placenteros y a los caminos de sirga magníficamente sombreados por este monumento, recientemente catalogado patrimonio mundial de la Unesco, y se ha convertido en uno de los lugares privilegiados para les deportistas y los Tolosinos.

Canal de Brienne
à Toulouse

Port-Saint-Sauveur
à Toulouse

Canal du Midi patrimoine mondial

55

Canal du Midi patrimoine mondial

56

Canal du Midi patrimoine mondial

57

Lac de Saint-Ferréol

Port
de Moissac

Canal du Midi patrimoine mondial

58

Canal Latéral

Canal du Midi patrimoine mondial

59

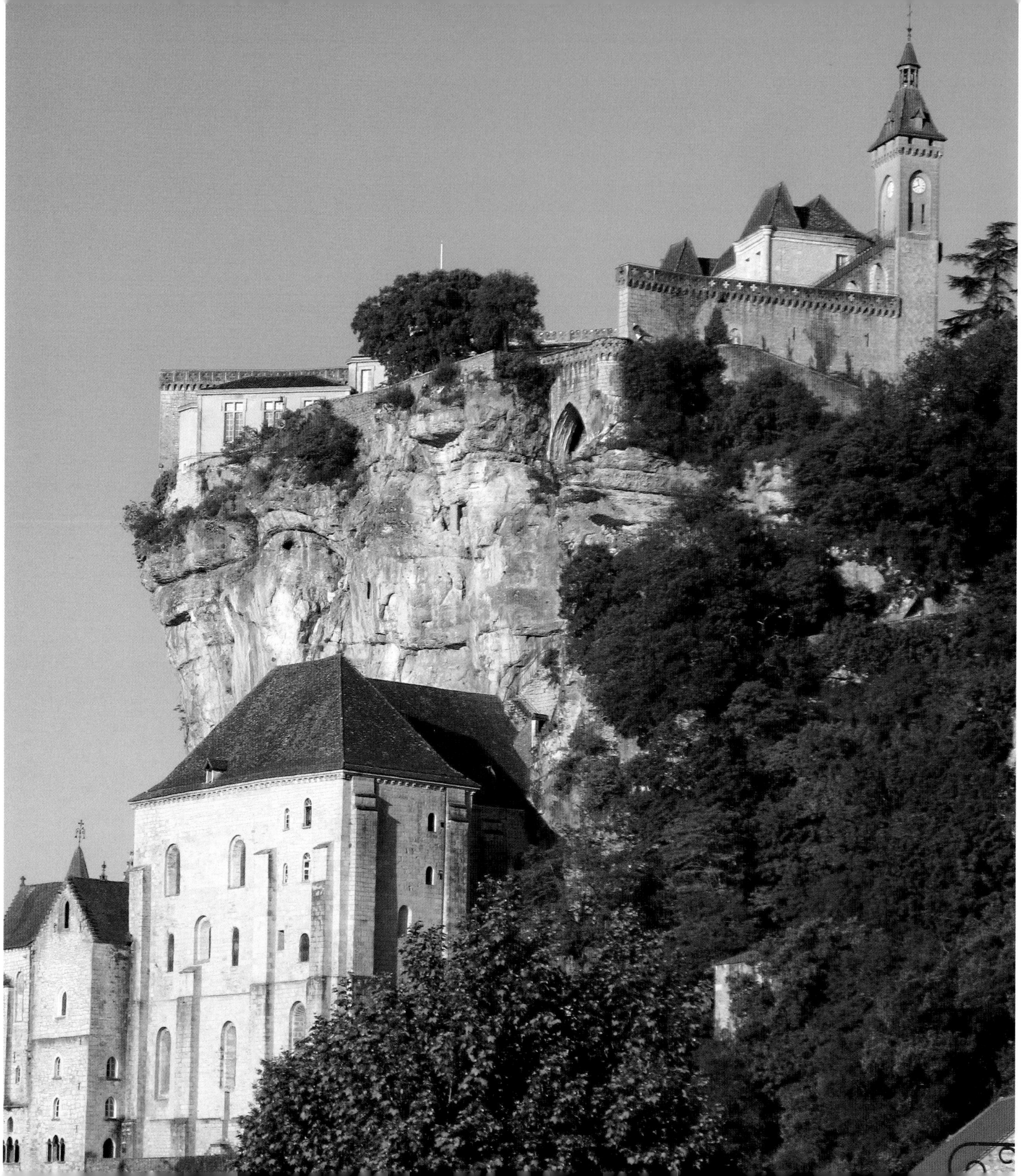

Bastides et Villages

**Rocamadour,
ancien pélerinage
des Rois de France
(gauche et droite)**

Penne

Tout au long des promenades dans le Sud-ouest, en grandes villes ou petites cités, régulièrement le terme de « bastide » est évoqué : on trouve ici description d'un nouvel urbanisme et du développement territorial médiéval. Villes neuves créées de toutes pièces, elles ont eu la particularité de s'établir sur un plan régulier, si le terrain le permettait, organisé autour d'une place centrale bordée d'arcades. Ce développement tissa un réseau important de bourgs et de bourgades dans toute la région. Destinées au négoce des produits de la paysannerie, nombres d'entre elles furent plus tard fortifiées pour résister à partir du XIIIe aux guerres incessantes contre les Anglais. Plus de trois cent sont dénombrées en Midi-Pyrénées, aussi ne peut-on les énumérer toutes. Mais parmi les plus célèbres, il faut compter Mirepoix, Grenade, Cologne, Marciac, Revel, Rabastens-de-Bigorre, Cordes-sur-ciel et tant d'autres.

The term 'bastide' recurs frequently throughout the south-west, whether for large cities or small towns. The word was used to describe a new form of urbanism and the mediaeval territorial development. These were completely new towns or towns that developed around the new fortified places or castelnaus (new castles). They were built to a regular plan where the terrain so allowed, organised around a central square surrounded by arcades. This development wove a major web of small market towns and villages throughout the region. They were used to trade farm produce and many of them were later fortified from the 13th century onwards to resist the endless wars between the French and the English and, especially in the plains, to afford protection to the peasantry. More than 300 can be counted in Midi-Pyrénées. Among the best known are Mirepoix, which has outstanding and extremely well-preserved wooden carvings on the arcades, Grenade, Cologne, Marciac, Revel, Rabastens de Bigorre and Cordes-sur-Ciel.

Durante los largos paseos que realizará en el sudoeste, ya sea cuando pase por grandes ciudades o ciudades más pequeñas, verá muy a menudo la palabra « bastide » escrita en paneles: es la descripción de un nuevo urbanismo y de un desarrollo territorial medieval. Estas ciudades nuevas creadas de principio a fin, o para realizar ciertos cambios de castelnaux (nuevos castillos), se caracterizan por situarse en planos regulares, si el terreno lo permitía, y por organizarse alrededor de una plaza central bordeada de arcadas. Este desarrollo tejió una red importante de caseríos y pequeños pueblos en toda la región. Basados en el comercio de productos agrícolas, muchos fueron más tarde fortificados para resistir a partir del siglo XIII a las guerras incesantes contra los Ingleses. Existen más

de 300 en Midi-Pyrénées, y es imposible enumerarlos todos. Pero de los más conocidos, hay Mirepoix, cuyos pasajes cubiertos son excepcionales tanto por su estado de conservación como por la importancia de la construcción, Grenade, Cologne, Marciac, Rabastens-de-Bigorre, Revel, Cordes-sur-ciel y muchos más.

Najac

Bruniquel

Bastides et villages

Sarrant

Mirepoix

Rieux-Volvestre

Pont Valantrè à Cahors

Sarrant

Bastides et villages

64

Puycelci

Cordes-sur-Ciel

Bastides et villages

Grenade

Pigeonnier

Revel

Cologne

66

Bastides et villages

67

Nostre Dame de Grasse
XVe siècle
musée des Augustins
à Toulouse

Route des musées

Quand la région met en musées les enfants et richesses du pays, les plus beaux sites et les plus superbes installations leur sont consacrés. Les exemples sont multiples. À Albi, le palais de la Berbie, palais épiscopal, accueille désormais l'œuvre de Toulouse-Lautrec, enfant du pays tout à la fois libre penseur et peintre génial. Le peintre Ingres, au moins aussi connu pour son talent que pour son fameux violon, est natif de Montauban. Sa ville lui rend un hommage magnifique en offrant son ancien palais épiscopal pour l'exposition de ses œuvres.

Champollion est à l'honneur dans la ville d'art de Figeac, dont le rare ensemble architectural du XIIIᵉ au XVIIIᵉ siècle est ponctué par le dallage inattendu de la place des Écritures, étonnante reproduction de la pierre de Rosette en hommage à Champollion, enfant du pays. Le musée Fenaille de Rodez met à l'honneur les surprenantes statues menhir…

Près de trois cents musées vous attendent, de l'art campanaire à l'art préhistorique, de l'archéologie et de l'Antiquité à l'histoire médiévale ou contemporaine, sans oublier l'art contemporain, autant d'étapes pour une route passionnante à suivre au gré de vos envies.

**Castres
cité du musée Goya**

When the region puts its favourite treasures into museums, it tends to dedicate the loveliest sites and the most superb facilities to them. There are many examples of this. In Albi, the Palais de la Berbie, is now home to the works of Toulouse-Lautrec, born in the region and both a free thinker and a painting genius. The painter Ingres, known at least as well for his talent as for his famous violin, was born in Montauban. His home town has given him a magnificent tribute by offering its former bishop's palace as a venue for the exhibition of his works. The Fenaille Museum in Rodez pays tribute to the surprising menhir statues…

There are nearly three hundred museums to visit, covering everything from bell-making to prehistoric art, archaeology, antiques, medieval, modern and contemporary history and contemporary art: something to fascinate everyone during their holiday period.

A la hora de celebrar en sus museos a los hijos y riquezas del país, la región no duda en requerir las instalaciones y sitios más preciosos.

Los ejemplos son numerosos. En Albi, el palacio de la Berbie, acoge de aquí en adelante la obra de Toulouse-Lautrec, hijo del país a la vez intelectual y pintor genial. El pintor Ingres, conocido tanto por su talento que por su famoso violín, es oriundo de Montauban. La ciudad de arte de Figeac celebra Champolion, hijo del país con un pavimento inesperado de la plaza des Écritures, reproducción de la piedra de Roseta. El museo Fenaille de Rodez celebra las sorprendentes estatuas menhir…

Cerca de tres cientos museos le esperan, desde el arte campanario, al arte prehistórico, de la arqueología y antigüedades a la historia Medieval o moderna y contemporánea, sin olvidar el arte contemporáneo, etapas para una ruta apasionante a seguir durante sus vacaciones.

Château de Foix

Place de l'écriture à Figeac

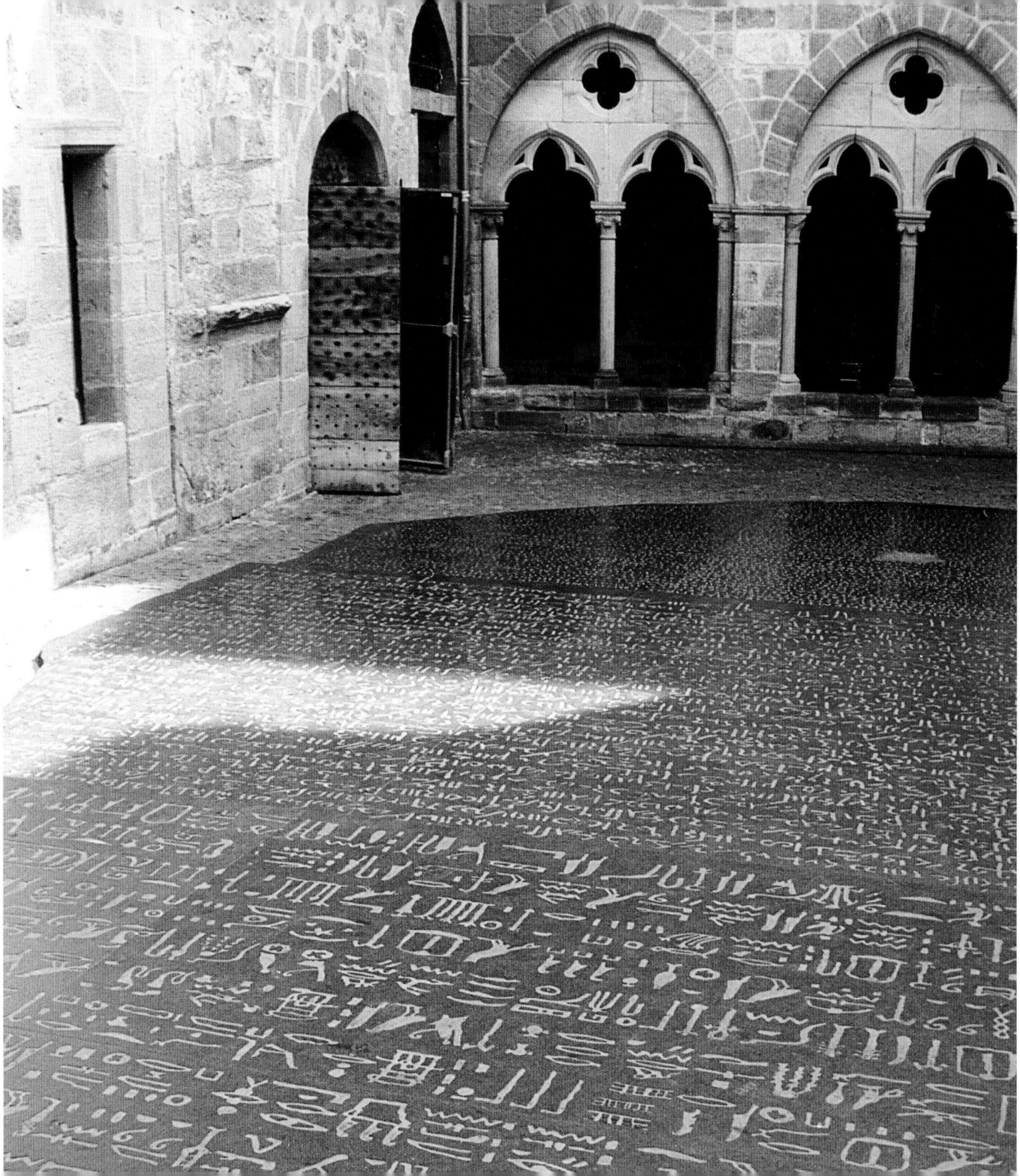

Route des musées

**Musée Fenaille
à Rodez**

Route des musées

72

**Musée Toulouse-Lautrec
Palais de la Berbie
à Albi**

Musée Ingres
Ancien Palais épiscopal
à Montauban

Route des musées

73

**Centre d'art moderne et contemporain
Les Abbatoirs
à Toulouse**

**Galerie de photographies
Le Château d'Eau
à Toulouse**

Route des musées

74

Musée
Ancien Palais épiscopal
à Montauban

Musée des Beaux-Arts
Les Augustins
à Toulouse

Route des musées

Muséum de Toulouse

Planetarium
de la Cité de l'espace
à Toulouse

Visite des chaînes
de montage Airbus
Taxiway
à Toulouse

Route des usées

Au pays de l'or bleu

78

Au pays de l'or bleu

Le pastel est une des rares sources naturelles de colorant bleu. Fleuron de l'économie du Midi toulousain au XVIe siècle, on doit à l'or bleu du pastel une Renaissance somptueuse dans tout le Midi Toulousain.

De nombreux hôtels particuliers en sont les prestigieux témoins, comme l'hôtel d'Assézat, l'hôtel de Bernuy ou l'hôtel du Vieux Raisin, récemment rénové. Après plus de quatre siècles, le pastel refleurit à nouveau dans le pays de cocagne, comme dans le jardin des Plantes à histoire du square Raymond VI et une nouvelle académie, l'Académie des arts et des sciences du pastel, vient d'être créée à Toulouse. Spécialité régionale par excellence, à découvrir et à offrir, appliqué au textile, à la décoration, aux beaux-arts et même en soins de beauté, le pigment de pastel Bleu de Lectoure permet désormais de retrouver tous les plaisirs d'une teinture naturelle, lumineuse et vivante, au bleu incomparable.

Pastel is one of the few natural sources for blue dyeing agents. Jewel of the economy of the South

Produits teinture XAVIER PLO

et soins nutritifs GRAINE DE PASTEL

Spectaculaire réalisation par Denise Lambert de teinture au pigment de Pastel BLEU DE LECTOURE

of France in the Toulouse region in the 16th century, it has since then been supplanted with Indigo and later with synthetic colouring matters. A sumptuous Renaissance throughout the Midi Toulousain with the blue gold of the pastel. Numerous town mansions are marvellous proof, such as Hotel d'Assézat, Hotel de Bernuy or the Hotel du Vieux Raisin, recently restored. After more than four centuries, Pastel reappears in the land of Cockaigne. At the « Jardin des Plantes à histoires » of the Square Raymond VI, you can rediscover this plant and a new academy has just

Champs de pastel

Hôtel pastellier
d'Assézat
à Toulouse
(gauche et ci-dessous)

Au pays de l'or bleu

80

Musée du pastel à Magrin

Hôtel pastellier Ardouin à Mazères

Château pastellier de Loubens-Lauragais
(ci-dessus et ci-dessous)

Au pays de l'or bleu

been open in Toulouse – the Academy of the Pastel Arts and Science. Textile, decoration, fine arts or even beauty care, the pastel pigment « Bleu de Lectoure » allows us from now on to find again all the pleasures of a natural, radiant and living dye of an incomparable blue colour.

El pastel es una de las pocas fuentes naturales de colorante azul. Florón de la economía del « Midi toulousain » del siglo XVI, ha sido suplantado por el índigo y después las tinturas químicas. Debemos al oro azul del pastel un Renacimiento suntuoso en todo el Midi Toulousain. Numerosos hoteles particulares son sus prestigiosos testigos, como el hotel de Assézat, el hotel de Bernuy o el hotel du Vieux Raisin, recientemente renovado. Tras más de cuatro siglos, el pastel florece de nuevo en el país de cucaña. En el jardín de las Plantas de historias de la plaza Raymond VI, se puede descubrir esta planta y una nueva academia, la academia de las Artes y de las ciencias del pastel, acaba de ser creada en Toulouse.

Textil, decoración, bellas artes e incluso cuidados de belleza, el pigmento de pastel Azul de Lectoure permite de aquí en adelante reencontrarse con todos los placeres de una tintura natural, luminosa y viva, de un azul

Château pastellier
Laréole

Produits Beaux-Arts
ARTISAN PASTELLIER

Atelier et boutique
de BLEU DE LECTOURE

Au pays de l'or bleu

Au pays de l'or bleu

83

Délices du terroir

De nombreux crus de grande qualité offrent la riche palette des vins de Midi-Pyrénées. Tous issus de vignobles anciens, connus depuis l'époque gallo-romaine, ils déclinent au fil de la gourmandise délicieuse des produits de terroir les arômes et les bouquets uniques. Le Fronton, cultivé entre Toulouse et Montauban, a su préserver l'un des cépages les plus rares: la Négrette. Le Gaillac est le plus ancien vignoble de France après celui de la province narbonnaise. Que de noms illustres sont associés au vignoble de Cahors, l'un des plus anciens de France, vin rouge, sombre et puissant. Le Madiran s'étend sur les départements des Pyrénées-Atlantiques, du Gers et des Hautes-Pyrénées. Le vignoble gascon existait déjà il y a 1 600 ans. Les Saint Mont existent en rouges, rosés et blancs. Durant des siècles, bien avant le Roquefort, les vignobles d'Entraygues, du Fel et d'Estaing furentà l'origine de la prospérité du Sud-Aveyron, donnent des vins parfumés, très aromatiques. Plus vieille eau-de-vie de France, l'Armagnac est connu dès le Moyen Âge pour ses vertus thérapeutiques. Pur bonheur de la fin du repas, l'Armagnac symbolise toute la belle humeur de la Gascogne.

Between Toulouse and Montauban, the vineyard of Fronton have a special type of wine : one of the rarest grape varieties has been maintained, the Négrette. Planted in Gallo-Roman times, it was the Albi clergy who really developed the Gaillac vineyards in 920. One of the oldest vineyards in France, with many illustrious benefactors, a deep red, strong wine, Cahors is ideal for laying down. From the original Gallo-Roman vineyards, Benedictine monks created the Madiran wines in 1030. There were vineyards in Gascony even as long as 1600 years ago. Saint Mont wines are made in three colours, the reds, rosés and the whites.For centuries, long before Roquefort cheese, wine was the source of the prosperity of the Sud-Aveyron region.France's oldest brandy, Armagnac was much prized in the Middle Ages for its therapeutic virtues. Delicious at the end of a meal, Armagnac is also an excellent apéritif and can be used in cooking, blended liqueurs and fruit candies.

En Fronton, entre Toulouse y Montauban, se ha sabido preservar una de las cepas más excepcionales : la Negrette. Este viñedo, importante ya en tiempos galo-romanos, conoce un desarrollo bajo la impulsión, en 920, de los canónigos de Albi. ¡Cuántos nombres ilustres están asociados a este viñedo, uno de los más antiguos de Francia! Vino tinto, oscuro y fuerte, el Cahors, indudable vino de guardia. Procedente de un viñedo conocido ya por los Galo-Romanos y creado por les monjes Benedictinos en 1030. La viña gascona existía ya hace 1.600 años. Los Saint Mont existen en tres

Délices du terroir

Délices du terroir

clases, los tintos, los rosados y los blancos. Durante siglos, mucho antes que el Roquefort, el vino fue el origen de la prosperidad del Sud-Aveyron.

Aguardiente más viejo de Francia, el Armagnac se conoce desde la Edad Media por sus virtudes terapéuticas. Pura delicia al final de las comidas, el Armagnac desarrolla así todos sus encantos en los vermuts, la gastronomía, los licores y bajo la forma de frutas al Armagnac.

Au pays du bon vivre, toute la gastronomie de Midi-Pyrénées conjugue, de recettes de familles en cuisine gastronomique, tous les produits du terroir, issus de l'agriculture classique et biologogique qui font sa renommée depuis toujours. Laguiole, Rocamadour, Cabécou, Roquefort... de nombreux fromages parent notre table.

La corne d'abondance de la Région est aussi riche en fruits et légumes. Fameux haricot tarbais, ail blanc de Lomagne, ail rose de Lautrec, pêches, poires, pommes, prunes, nectarines, fraises, cerises, noisettes, melons, tout réussit dans la vallée fertile de la Garonne, où l'on récolte quatre-vingts pour cent des fruits de Midi-Pyrénées. Fleuron de ce terroir, le Chasselas est un délicieux raisin de table aux grains d'or.

Symbol of French cheese-making, according to legend Roquefort was invented in fairytale lore.pears, apples, nectarines, strawberries, cherries, hazel nuts, melons, garlic: the Garonne valley is a fertile garden of great diversity, the most prized local products being the succulent Chasselas table grapes.

Símbolo del savoir faire de Francia, el queso Roquefort es el fruto, según la leyenda, de una bella historia de amor.Melocotones, peras, manzanas, ciruelas, cerezas, avellanas, melones, ajos, todo crece en los valles de la Garona cuyo bastión es por supuesto el Chasselas, uva con pepitas de oro.

Délices du terroir

Glaise originelle

Crédits photographiques

page		
	19-45	DR - CDT12
	24 (*gauche haut*)-24 (*gauche bas*)	Collection Tourisme Gers/CDT32/A. Franceschin
	28-68	Musée des Augustins, Toulouse
	15-22-23-76-77-78-84	DR

Rocamadour